Paramahansa Yogananda
(1893-1952)

De relatie tussen guru en leerling

door Sri Mrinalini Mata

Over de Levenskunst serie: deze informele toespraken en essays zijn eerder door Self-Realization Fellowship gepubliceerd in het kwartaaltijdschrift *Self-Realization*. Sommige daarvan zijn ook verschenen in bloemlezingen en in opnamen die zijn uitgebracht door de organisatie. De Levenskunst serie is gemaakt op verzoek van lezers die de leer van Paramahansa Yogananda over verschillende onderwerpen graag in handzame boekjes willen lezen. De serie biedt begeleiding door Sri Yogananda en een aantal van zijn naaste leerlingen, die zijn ingetreden in de monastieke orde van Self-Realization, en jarenlang de gelegenheid hebben gehad om de spirituele leiding en training van deze geliefde wereldleraar te ontvangen. Van tijd tot tijd worden nieuwe titels aan deze serie toegevoegd.

Het originele Engelstalige boek is uitgegeven door
Self-Realization Fellowship, Los Angeles (Californië) met de titel:
The Guru-Disciple Relationship

ISBN: 978-0-87612-360-7

Vertaald in het Nederlands door Self-Realization Fellowship

Copyright © 2022 Self-Realization Fellowship

Alle rechten voorbehouden. Afgezien van korte citaten in boekrecensies mag geen enkel deel van *De relatie tussen guru en leerling (The Guru-Disciple Relationship)* worden herdrukt, opgeslagen, overgedragen of in andere vorm zichtbaar gemaakt, noch door andere middelen (elektronisch, mechanisch of anderszins), nu bekend of in de toekomst mogelijk gemaakt (inclusief fotokopie, geluidsdrager of een andere manier van informatieopslag en toegangssysteem), zonder schriftelijke toestemming vooraf van Self-Realization Fellowship, 3880 San Rafael Avenue, Los Angeles, California 90065-3219, U.S.A.

Geautoriseerd door de International
Publications Council van
Self-Realization Fellowship

De naam Self-Realization Fellowship en het hierboven afgebeelde logo zijn te vinden op alle boeken, audio- en video-opnamen, films en andere uitgaven van SRF, zodat de lezer er zeker van kan zijn dat de uitgave afkomstig is van de organisatie die door Paramahansa Yogananda is gesticht en dat zijn leer getrouw wordt weergegeven.

Eerste uitgave in het Nederlands 2022
First edition in Dutch, 2022
Deze druk 2022
This printing, 2022

ISBN: 978-1-68568-054-1

1917-J07501

— ◆ —

Er is een kracht die je weg naar gezondheid, geluk, vrede en succes zal verlichten, als je je maar naar dat licht wilt keren.

- Paramahansa Yogananda

— ◆ —

De relatie tussen guru en leerling

Door Sri Mrinalini Mata

*Een toespraak die werd gehouden op de
Self-Realization Fellowship
gouden jubileum Convocation, Los Angeles, 7 juli 1970*

God heeft ons naar deze wereld gestuurd om een goddelijk drama te spelen. Als geïndividualiseerde evenbeelden van de Heer Zelf heeft ons leven maar één doel: te leren, door dat leren te groeien, en door continue groei uiteindelijk onze ware natuur tot uitdrukking te brengen en terug te keren naar onze oorspronkelijke eenheid met God.

Wanneer onze ziel als kind aan dit aardse avontuur begint, leren we eerst met vallen en opstaan. We voeren een actie uit en bij goede resultaten herhalen we die actie. Maar als een specifieke handeling pijn veroorzaakt, streven we ernaar deze voortaan te vermijden.

Vervolgens leren we ons voordeel te doen met het voorbeeld van anderen. We observeren het gedrag van onze familie, vrienden en mensen in onze omgeving, en leren doordat we hun fouten en successen analyseren.

Onze ervaringen leiden ons steeds verder vooruit terwijl we zoeken naar een dieper inzicht in ons aardse leven, totdat voor ieder van ons de tijd komt om serieus op zoek te gaan naar de Waarheid. Iemand van wie het bewustzijn zich tot dit punt heeft ontwikkeld vraagt zich af: 'Wat is het leven?', 'Wat ben ik?', 'Waar kom ik vandaan?' En de Heer reageert op zo'n zoeker door hem naar een leraar of naar religieuze en filosofische boeken te leiden die de eerste dorst naar begrip lessen. Terwijl hij de kennis van anderen in zich opneemt, begint zijn begrip zich te ontvouwen en wordt zijn spirituele groei versneld. Hij komt een stukje dichter bij de Waarheid of God.

Uiteindelijk zal ook deze kennis niet toereikend zijn. Hij begint te verlangen naar een persoonlijke realisatie van de Waarheid. De ziel binnen in hem wekt de gedachte in hem op: 'Deze wereld is toch niet mijn thuis! Ik ben toch niet alleen dit fysieke lichaam; het kan alleen maar een tijdelijke kooi zijn. Er moet meer zijn in dit leven dan wat mijn zintuigen nu waarnemen, iets dat verder gaat dan het graf. Ik heb gelezen over de Waarheid. Ik heb gehoord over de Waarheid. Nu moet ik het weten!'

Om de gekwelde kreet van Zijn kind te beantwoorden, stuurt de meedogende Heer een verlichte leraar, iemand die het Zelf heeft gerealiseerd en die weet dat het Zelf Geest is – een ware guru. Het leven van zo iemand is een onbelemmerde expressie van God.

De definitie van een ware guru

Swami Shankara[1] beschrijft de guru als volgt: 'Er bestaat in de drie werelden niets waarmee een ware guru kan worden vergeleken. Als de "steen de wijzen" werkelijk zou bestaan en de eigenschappen zou bezitten die eraan worden toegeschreven, dan nog kan die alleen maar ijzer in goud veranderen en niet in een nieuwe "steen de wijzen". Maar de vereerde meester daarentegen maakt de leerling die toevlucht aan zijn voeten zoekt, tot zijn gelijke. Daarom is de guru onovertroffen, ja zelfs transcendent.'

Paramahansa Yogananda, guru en stichter van Self-Realization Fellowship heeft gezegd: "De guru is de ontwaakte God die de slapende God in de leerling wakker maakt. Door sympathie en diep inzicht ziet de ware guru hoe de Heer zelf lijdt in hen die in fysiek, mentaal en spiritueel opzicht arm zijn. Dat is de reden waarom hij het als zijn vreugdevolle plicht ziet hen te helpen. Hij probeert de hongerige God te voeden in de armen, de slapende God te beroeren in de onwetenden, de onbewuste God lief te hebben in de vijand en de half-ontwaakte God te wekken in de hunkerende leerling. Met een lichte liefdevolle aanraking wekt hij in een oogwenk de bijna ontwaakte God in de gevorderde zoeker. De guru is van iedereen de beste

---

[1] India's grootste filosoof. Als hervormer van India's eeuwenoude Swami-orde (in de achtste of vroege negende eeuw na Christus) was Swami Shankara een zeldzame combinatie van heilige, geleerde en man van actie.

schenker. Net zoals de Heer zelf kent zijn vrijgevigheid geen grenzen."

Paramahansa Yogananda beschrijft hiermee het oneindige begrip, de oneindige liefde, het alomtegenwoordige, allesomvattende bewustzijn van een ware guru. De *chela*'s (volgelingen) die het voorrecht hadden Paramahansaji[2] te kennen, zagen deze eigenschappen volledig in hem tot uitdrukking komen.

De relatie tussen guru en leerling

Dit door God geschapen universum volgt de ordelijke kosmische wet, en de relatie tussen guru en leerling is geworteld in die wet. Het is goddelijk bepaald dat degene die God zoekt aan Hem voorgesteld zal worden door een ware guru. Als een leerling er oprecht naar verlangt God te leren kennen, dan komt zijn guru. Alleen wie God kent kan de devotee de belofte doen: "Ik zal je aan Hem voorstellen." Een ware guru heeft zijn weg naar God al gevonden en kan daarom tegen de *chela* zeggen: "Neem mijn hand. Ik zal je de weg wijzen."

De relatie tussen guru en leerling omvat de gedragsregels en principes van juist handelen die de leerling moet volgen om zich erop voor te bereiden God te leren kennen. Als de leerling zichzelf met de hulp van de guru

---

[2] 'Ji' is een respectvol achtervoegsel dat toegevoegd wordt aan namen en titels in India.

vervolmaakt, is de goddelijke wet vervuld en brengt de guru hem bij God.

Loyaliteit aan de guru en zijn leer

Het eerste principe van het convenant tussen de guru en de *chela* is loyaliteit.

Ego, het bewustzijn en de geldingsdrang van het kleine 'ik', is wat ons van God vandaan houdt. Op het moment dat je het ego achter je laat, besef je dat je één bent met God, dat altijd bent geweest en dat altijd zult zijn. Het ego is een illusie die de ziel als een wolk omringt en haar pure bewustzijn versluiert en doordringt met eindeloze misvattingen over haar eigen aard en die van de wereld. Een gevolg van de schijnwerkelijkheid van het ego is wispelturigheid. Als de waarheidszoeker de goddelijke eigenschappen van zijn ziel tot uitdrukking begint te brengen, neemt hij afstand van deze onbetrouwbare neiging van de menselijke aard, en wordt hij een loyaal en begripvol mens.

Loyaliteit aan de guru is een van de belangrijkste stappen die een leerling kan zetten. De meeste mensen zijn nog niet eens in staat volledig loyaal te zijn aan hun eigen familie, man, vrouw of vriend. Daarom wordt het begrip loyaliteit aan de guru niet geheel begrepen. Om een ware leerling te zijn, moet de *chela* loyaal zijn aan de door God gezonden guru: hij moet de leer van zijn guru trouw en volledig volgen.

Loyaliteit is geen bekrompenheid. Het hart dat loyaal

is aan God en zijn vertegenwoordiger is groots, begripvol en heeft compassie voor alle wezens. Een leerling die zich met onvoorwaardelijke loyaliteit geheel richt op zijn eigen guru en zijn leer, ziet alle andere uitingen van de Waarheid in het juiste perspectief, en geeft deze de waardering en het respect die ze toekomen.

Paramahansaji heeft vaak over dit onderwerp gesproken. Hij zei: "Veel mensen maken zich zorgen bekrompen te worden voordat ze geleerd hebben evenwichtig te zijn. In hun wens ruimdenkend over te komen nemen oppervlakkige zoekers klakkeloos uiteenlopende ideeën in zich op zonder eerst hieruit de essentie van de waarheid te destilleren door deze te verwezenlijken. Het resultaat is een spiritueel zwak, verflauwd bewustzijn. Hoewel ik liefdevol naar alle ware geloofsrichtingen en ware spirituele leraren kijk, zie je dat ik volledig loyaal ben aan die van mezelf."

"Alle ware religies leiden naar God" zei hij. "Zoek totdat je een spirituele leer vindt die tot je eigen hart spreekt en haar volledige voldoening geeft. Wanneer je deze eenmaal hebt gevonden, laat dan niets meer je loyaliteit aantasten. Geef dat pad je volledige aandacht. Richt je hele bewustzijn erop en je zult de resultaten vinden die je zoekt."

Als gurudeva[3] Paramahansaji over loyaliteit sprak,

---

[3] 'Goddelijke leraar', de gebruikelijke term uit het Sanskrit voor je spirituele leermeester.

dan maakte hij soms de volgende vergelijking: "Als je ziek bent, dan ga je naar de dokter en hij geeft je medicatie om je ziekte te genezen. Je neemt de medicijnen mee naar huis en je gebruikt ze volgens het voorschrift van de dokter. Wanneer je vrienden je komen bezoeken en horen wat voor ziekte je hebt, roepen ze waarschijnlijk allemaal uit: 'Oh, ik weet alles over die ziekte! Je moet zeker dit-en-dat middel proberen.' Als tien personen je tien verschillende remedies geven – en je probeert ze allemaal uit – dan zijn je kansen op genezing twijfelachtig. Hetzelfde principe ligt ten grondslag aan het belang van loyaliteit aan de instructies van de guru. Gebruik niet allerlei verschillende remedies door elkaar."

Goddelijke loyaliteit betekent dat je je versnipperde aandacht, genegenheid en inzet samenbrengt en die met concentratie op het spirituele doel richt. De loyale leerling reist snel op het pad naar God. Paramahansaji drukte de rol van de guru als volgt uit: "Ik kan je beter helpen als je je krachten niet laat verzwakken. Je bent afgestemd op de guru als je voor de volle honderd procent loyaal aan hem, de zijnen en zijn activiteiten bent, als je bereidwillig bent zijn advies op te volgen (zowel de mondelinge als schriftelijke richtlijnen), als je hem visualiseert in het geestelijke oog en als je onvoorwaardelijk toegewijd bent. In de zielen van hen die op hem zijn afgestemd, kan de guru een tempel van God vestigen." Alleen door loyaliteit ben je in staat je aandacht effectief te richten op het zoeken naar

God. Het bewustzijn van de loyale leerling wordt door goddelijke liefde gemagnetiseerd en onweerstaanbaar tot God aangetrokken.

Gehoorzaamheid ontwikkelt onderscheidingsvermogen

Gehoorzaamheid of overgave aan de leiding van de guru is een ander basisprincipe in de relatie tussen guru en leerling. Waarom dit goddelijke gebod? Mensen moeten leren te gehoorzamen aan een hogere wijsheid om het struikelblok van het ego en zijn zelfgemaakte schijnwerkelijkheid te overwinnen. Door ontelbare incarnaties – vanaf de tijd dat we de meest onwetende van alle mensen waren – heeft het ego zijn zin gekregen. Door emoties en gehechtheid aan de zintuigen heeft het ons gedrag, onze opvattingen, onze voor- en afkeuren voorgeschreven. Het ego onderwerpt de wil en bindt het bewustzijn aan de begrensde menselijke vorm. Wisselende stemmingen, golven van emoties, altijd veranderende voor- en afkeuren belagen het menselijk bewustzijn constant met een of ander gevoel. Het kan zijn dat iemand vandaag iets heel erg leuk vindt maar er morgen misschien heel anders over denkt, en dan gaat hij achter iets anders aan. Deze wankele staat van bewustzijn maakt de mens blind voor het waarnemen van de Waarheid.

De belangrijkste vereiste voor een *chela* is het vermogen zijn ongedisciplineerde en wispelturige wil in gehoorzaamheid te laten buigen voor de wijsheid van de guru – om zijn egocentrische wil te onderwerpen aan de op God afgestemde wil van de guru. De leerling die dit doet verbreekt de krachtige greep van het beperkende ego. Toen Paramahansaji als leerling de ashram van Swami Sri Yukteswar binnenkwam, deed zijn guru hem bijna meteen het volgende verzoek: "Sta me toe je te leren gehoorzamen, want vrijheid van wil bestaat niet uit het volgen van de ingevingen van gewoonten die voor of na de geboorte zijn ontstaan, of uit het toegeven aan mentale impulsen, maar in het ons laten leiden door handelen vanuit wijsheid en vrije keuze. Als je je wil afstemt op de mijne zul je vrijheid vinden."

Hoe stemt een leerling zijn wil af op die van de guru? Elk spiritueel pad heeft zijn eigen geboden en verboden. *Sadhana* is de Indiase term voor deze spirituele discipline: de 'geboden en verboden' die de guru als noodzakelijk beschouwt voor de zoektocht van de *chela* naar God. Door deze voorschriften oprecht en naar beste vermogen te volgen, en door voortdurende inzet om de guru met goed gedrag te behagen, breekt de leerling elke door het ego opgebouwde barrière af tussen zijn wil en de wil van de guru zoals uitgedrukt in zijn wijze voorschriften.

Door gehoorzaam te zijn aan de guru merkt de leerling dat zijn wil geleidelijk bevrijd wordt van verslavende egoïstische verlangens, gewoonten en stemmingen. En de eens zo rusteloze en wispelturige geest wordt niet meer afgeleid en ontwikkelt het vermogen tot concentratie.

Terwijl de geest zich op de juiste manier concentreert, begint de mentale visie van de leerling helderder te worden. Sluiers van misverstanden en verwarring worden één voor één opgelicht. De fouten van ontelbare acties die eens juist leken maar die alleen lijden teweegbrachten, worden plotseling blootgelegd in een schitterend perspectief van de waarheid. De leerling *weet* dan wat juist is, wat waar is: hij is in staat onderscheid te maken tussen goed en kwaad. Paramahansaji leerde wat onderscheidingsvermogen in gedrag betekent: dat je de juiste dingen op het juiste moment doet.

Om op het spirituele pad te slagen moet de leerling van God onderscheidingsvermogen ontwikkelen, anders zullen zijn instincten, stemmingen, gewoonten en emotionele neigingen uit het verleden – die hij incarnaties lang heeft verzameld – hem blijven misleiden.

Totdat het onderscheidingsvermogen van de leerling volledig ontwikkeld is, zijn gehoorzaamheid en overgave aan de leiding van de guru de enige hoop van de *chela* op verlossing. Het is het onderscheidingsvermogen van de guru die hem redt. De *Bhagavadgita* (IV:36) leert dat het vlot van wijsheid zelfs de grootste van alle zondaren over de zee van schijnwerkelijkheid zal voeren. Door de *sadhana* te volgen die door de guru is voorgeschreven, bouwt de leerling zijn eigen reddingsvlot van wijsheid.

De leerling moet oprecht en met heel zijn hart bereid zijn te gehoorzamen. Als je lippendevotie aan de guru geeft en je gedrag nog steeds laat dicteren door de slechte gewoonten van het ego, is dat dwaasheid. De enige verliezer is hij die vals speelt met zijn inzet op het spirituele pad.

Gurudeva gaf die *chela*'s die om zijn training vroegen dit simpele advies: "Bid om God en guru altijd in elk opzicht tevreden te stellen." Deze woorden vatten de gehele *sadhana* samen. Toch is dit niet gemakkelijk om te doen. God en guru tevredenstellen vraagt meer dan passieve liefde en waardering voor God, guru en het pad. Zelfs als dit gebed uit het hart komt, is het op zichzelf niet voldoende om God en guru tevreden te stellen. Paramahansaji heeft ons vaak verteld dat hij er niet van hield mensen te horen uitroepen: "Prijs God! Prijs God!", alsof God een verwende dame is die graag gevleid wil worden. "Daar houdt God niet van" zei hij. "God treurt om ons en om al Zijn kinderen die verdwaald zijn en lijden in de duisternis van de schijnwerkelijkheid." God en guru willen voor ons alleen het allerhoogste: bevrijding uit deze wereld van verwarrende tegenstellingen – gezondheid en ziekte, vreugde en pijn, geluk en verdriet – en een veilige haven in de altijd nieuwe vreugde van de onveranderlijke God.

Om deze reden is goed gedrag de manier om God en guru tevreden te stellen, waardoor we Hen in staat stellen ons verlossing te schenken. Consequent goed gedrag is op zijn beurt alleen mogelijk door gehoorzaamheid en overgave aan God via zijn vertegenwoordiger, de guru.

Respect en nederigheid tegenover de vertegenwoordiger van God

Op het altaar in de tempels van Self-Realization Fellowship zijn afbeeldingen geplaatst van Jezus Christus en Bhagavan Krishna, onze *paramguru*'s Mahavatar Babaji, Lahiri Mahasaya, Sri Yukteswar en onze guru Paramahansa Yogananda. Op die manier geven we hen eerbied en devotie als de vertegenwoordigers van God die de leer van Self-Realization Fellowship in de wereld hebben gebracht. Respect in zijn hoogste vorm is eerbied, een ander belangrijk aspect van de goddelijke wet die de mens via de relatie tussen guru en leerling naar Godrealisatie leidt.

Wat tonen mensen tegenwoordig weinig respect voor God of hun medemens! Veel van onze verwarde jongeren verliezen hun respect voor de wijsheid van jaren, voor de samenleving en, als gevolg hiervan, voor zichzelf. Als zelfrespect verdwijnt, treedt morele achteruitgang in. Echt respect voor jezelf en anderen ontstaat uit begrip van je goddelijke oorsprong. Wie zichzelf kent als het Zelf, een geïndividualiseerde vonk van de vlam van God, weet dat ieder ander mens ook een uitdrukking is van God. Vol vreugde en verwondering buigt hij voor de Ene in allen.

Door respect te ontwikkelen voor de guru als de vertegenwoordiger van God en voor je medemens als evenbeeld van God, helpt de leerling zichzelf om spiritueel te groeien. Uit een respectvolle houding ten opzichte van de guru ontstaat ontvankelijkheid voor God via de guru, en uit ontvankelijkheid groeit begrip van wat goed en nobel is. Dit leidt tot eerbied voor God en guru. Wanneer je er eindelijk, zowel in je hart als fysiek, toe in staat bent te buigen voor Iets anders dan het ego, vindt er van binnen een transformatie plaats: je ontwikkelt nederigheid. Het ego is als een stevige ondoordringbare gevangenismuur rondom de ware natuur van de mens: de ziel. De enige kracht die deze muur kan verbrijzelen is nederigheid.

Wie *Autobiografie van een yogi* heeft gelezen zal zich herinneren dat Lahiri Mahasaya verbijsterd was dat hij de *mahavatar,* Babaji, op de Kumbha Mela[4] de voeten zag wassen van een gewone monnik. "Guruji!" riep hij uit. "Wat doet u hier?"

"Ik ben de voeten aan het wassen van deze asceet" antwoordde Babaji, "en daarna zal ik zijn kookgerei schoonmaken. Ik ben de grootste van alle deugden aan het leren, de deugd die God het allerliefste ziet – nederigheid."

Nederigheid is de wijsheid waardoor je Iemand erkent die groter is dan wijzelf. De meeste mensen aanbidden het ego-zelf. Maar als de leerling in plaats daarvan buigt voor het ideaal van een groter Zelf en voor de guru als het goddelijke instrument die hij om hulp vraagt bij het realiseren van dat Zelf, dan ontwikkelt hij de nederigheid die nodig is om de gevangenismuur van het ego neer te

---

[4] Een religieus feest, bijgewoond door duizenden asceten en pelgrims.

halen. Hij voelt binnen in hem een steeds groter wordend goddelijk bewustzijn vanuit dat grotere Zelf opborrelen.

De nederige mens is een echt vredig mens, een echt vreugdevol mens. Hij is onverstoorbaar en wordt niet beinvloed door de wispelturigheid van menselijk gedrag en menselijke liefde. Hij is niet gekwetst door de onbestendigheid van menselijke vriendschap of de vergankelijkheid van status en zekerheid in de wereld. Alle gedachten aan persoonlijk gewin en zelfaanbidding verminderen en vervagen in de nederige mens. De geschriften zeggen: 'Wanneer dit "ik" sterft, dan zal ik weten wie Ik ben.' Als het ego verdwijnt, is de ziel – het evenbeeld van de slapende God binnenin – eindelijk in staat te ontwaken en zichzelf tot uitdrukking te brengen. De leerling brengt dan alle goddelijke zielskwaliteiten tot uitdrukking in zijn leven en is voor altijd bevrijd van de onwetendheid van *maya*, de schijnwerkelijkheid van de wereld die is opgelegd aan alle wezens die in Gods toneelstuk van de schepping spelen.

Dus onthoud: door respect ontwikkel je eerbied en hieruit volgt nederigheid. Wanneer de leerling deze kwaliteiten ontwikkelt, snelt hij naar het Doel van zijn spirituele zoektocht.

De kwaliteit van vertrouwen

Door de relatie tussen guru en leerling wordt het vertrouwen in de *chela* geperfectioneerd. De wereld waarin we leven is gebaseerd op relativiteit en is daarom veranderlijk. We weten van dag tot dag niet of ons lichaam gezond zal zijn of dat we worden overvallen door ziekte. We weten niet of onze geliefden die vandaag bij ons zijn, er morgen nog zullen zijn of dat zij weggenomen worden van deze aarde. We weten niet of de vrede waarvan we genieten, morgen zal worden ondermijnd door oorlog. Deze onwetendheid creëert een gevoel van grote onveiligheid. Daarom zijn er vandaag de dag zoveel mentale ziekten en is er zoveel rusteloosheid. Het is ook de reden waarom mensen zich blindelings vastklampen aan materiële bezittingen. Ze willen een hogere positie, meer naam en faam, meer geld. Ze willen een groter huis, meer kleding, een nieuwe auto. Al deze dingen, zo geloven ze, brengen een gevoel van veiligheid in een beangstigende en onzekere wereld. Ze grijpen enkel en alleen naar voorwerpen en maken die tot hun goden.

Echt vertrouwen wordt geboren uit het *ervaren* van de waarheid en realiteit, uit rechtstreekse kennis en zekerheid van de goddelijke krachten die de hele schepping in stand houden. De mens is onzeker omdat hij niet beschikt over een dergelijk vertrouwen. Jezus Christus zei: 'Ik verzeker jullie: als jullie geloof hebben als een mosterdzaadje, dan zullen jullie tegen die berg zeggen: "Verplaats je van hier naar daar" en dan zal hij zich verplaatsen. Niets zal voor jullie onmogelijk zijn' (Mattheüs 17:20).

We beginnen er niet aan vertrouwen een plaats in ons leven te geven, omdat het moeilijk voor ons is om zelfs maar te geloven in 'dingen die we niet kunnen zien'. Feit is dat de mens geen vertrouwen kan hebben tenzij en totdat hij iets in zijn leven ervaart dat hem niet teleurstelt. De relatie tussen guru en leerling leidt hem naar deze zekerheid. De leerling ontdekt in de guru degene die het goddelijke vertegenwoordigt: de guru leeft volgens goddelijke principes, hij laat het goddelijke in zijn leven zien, hij is een belichaming van 'ongeziene zaken'.

De guru is ook een belichaming van onvoorwaardelijke, goddelijke liefde. Zijn liefde voor ons verandert nooit, ongeacht wat we doen. We realiseren ons dat we deze liefde kunnen vertrouwen. En als deze liefde ons dag in dag uit en jaar na jaar getoond wordt, groeit ons vertrouwen in de liefde van de guru. We beseffen dat God ons iemand heeft gestuurd die over ons waakt van moment tot moment, dag na dag, leven na leven – iemand die ons nooit uit het oog verliest. Dit is de guru. Ons vertrouwen in hem bloeit op doordat we zijn eenheid met de altijd constante, onveranderlijke Geest herkennen.

De relatie tussen guru en leerling vraagt om volledig vertrouwen van de zijde van de leerling. De guru zegt tegen de *chela*: "Mijn kind, als je God wilt leren kennen, als je de kracht wilt om naar Hem terug te gaan, dan moet je vertrouwen ontwikkelen in Dat wat je niet kunt zien en wat je op het moment niet kunt aanraken, Dat wat je niet kunt kennen door zintuiglijke waarneming. Je moet vertrouwen hebben in de Ongeziene omdat Hij de enige realiteit is achter alles wat nu voor je beperkte menselijke zintuigen zo echt lijkt."

Om de leerling te helpen vertrouwen te ontwikkelen, zegt de guru: "Volg mij, blindelings als dat nodig is." Het ego tast onze manier van kijken aan, maar het zicht van de guru is foutloos. Zijn ogen van wijsheid zijn altijd open. Voor hem is er geen verschil tussen gisteren, vandaag en morgen. In zijn goddelijke waarneming zijn verleden, heden en toekomst allemaal hetzelfde. Paramahansaji zei vaak: "In het bewustzijn van God is geen tijd of ruimte; alles vindt plaats in het eeuwige nu. De mens ziet alleen een kleine schakel in de ketting van de eeuwigheid, toch denkt hij het allemaal te weten." De guru, één met God en met een bewustzijn dat is ontdaan van de illusie die de menselijke geest vertroebelt, aanschouwt de eeuwigheid. Hij ziet de huidige staat van de leerling. Hij ziet wat de *chela* probeert te worden, de worstelingen die daaraan vooraf zijn gegaan gedurende vele incarnaties en de hindernissen die nog in het verschiet liggen. Alleen de guru kan zeggen: "Dit is de weg naar God." Ook al moet de leerling blindelings volgen, zijn pad is veilig en zeker.

Vanaf het prille begin van je *sadhana* moet je luisteren en met vertrouwen volgen, zelfs als je een aspect van de leer van de guru niet volledig begrijpt. Gurudeva merkte af en toe op wanneer een leerling met hem in discussie ging over een bepaalde aanwijzing die hij had gegeven: "Ik heb geen tijd voor jouw logica. Doe gewoon wat ik heb gezegd." In het begin leek dit vaak onredelijk voor de *chela*. Maar wie zonder vragen gehoorzaamden, zagen de voordelen van deze training. Volg de leer van de guru want hij ziet, hij weet. Hij zal je innerlijk leiden door je bereidwillige en aandachtige inzet bij het uitvoeren van zijn voorschriften. Vertrouwen in de guru stelt hem in staat de almachtige kracht van het vertrouwen in de leerling te voeden.

Doordat we een guru hebben die ons geborgenheid in God kan geven en wiens hand we kunnen pakken met de zekerheid dat we veilig door de duisternis van *maya* worden geleid, beginnen we het vertrouwen te ontwikkelen dat nodig is om God te kennen.

De hulp van de guru

De guru helpt de leerling op ontelbare manieren. Misschien is de beste van allemaal dat hij de *chela* inspireert door zijn belichaming van goddelijke eigenschappen: hij is de 'sprekende stem van de zwijgende God'[5] en de incarnatie van de hoogste wijsheid en de zuiverste liefde. Hij belichaamt de zielskwaliteiten die een weerspiegeling van God zijn. Hij symboliseert de weg en het Doel. Jezus Christus heeft gezegd: 'Ik ben de weg, de waarheid en het leven' (Johannes 14:6). De guru is de weg. Als een perfect voorbeeld van de *sadhana* die hij zijn leerlingen geeft,

---

[5] Uit eerbetoon van Paramahansa Yogananda aan zijn guru, swami Sri Yukteswar, in *Whispers from Eternity*, gepubliceerd door Self-Realization Fellowship.

demonstreert hij goddelijke wetten van de Waarheid en leert hen hoe ze die kunnen toepassen om God te realiseren. Hij geeft de *chela* spirituele inspiratie en vitaliteit om het pad te volgen dat leidt tot het eeuwige leven in God.

De beginnende leerling zou kunnen redeneren dat de *chela*, omdat de guru goddelijk is, geen hoop heeft hem te evenaren. Zo'n leerling die door Paramahansa Yogananda gevraagd was een taak te verrichten die volgens hem buiten zijn vermogen lag, protesteerde dat hij dit niet kon. Het antwoord van Paramahansaji kwam snel en nadrukkelijk.

"*Ik* kan het!"

"Maar, Gurudeva, *u* bent Yogananda. U bent één met God." De leerling verwachtte dat Paramahansaji zou zeggen: "Ja, je hebt gelijk. Neem gewoon je tijd. Uiteindelijk zal het je lukken."

Maar Gurudeva antwoordde: "Er is maar één verschil tussen jou en een Yogananda. *Ik* heb me ingezet; nu moet *jij* je inzetten!"

Er waren twee uitspraken die Paramahansaji nooit accepteerde van leerlingen die hij trainde. "Ik kan het niet" en "Ik wil het niet". Hij stond erop dat iemand bereid was zijn best te doen.

"Het leven is als een snelstromende rivier" zei Paramahansaji vaak. "Als je God zoekt, dan zwem je tegen de stroom van wereldse voorkeuren in die jouw geest naar het beperkte materiële en zintuiglijke bewustzijn trekken.

Je moet je ieder moment blijven inspannen om 'stroomopwaarts' te zwemmen. Als je ontspant, sleurt de sterke stroom van illusie je mee. Je inzet moet constant zijn."

De Vedische geschriften stellen dat de spirituele inzet van de leerling maar 25 procent vormt van de spirituele krachten die nodig zijn om zijn ziel naar God terug te brengen. Nog eens 25 procent wordt gegeven door de zegeningen van de guru. De overige vijftig procent wordt geschonken door de zegen van God.

Zo wordt de inzet van de leerling gelijk aan die van de guru en God doet net zoveel als de guru en de leerling samen. Hoewel de inzet van de leerling maar een kwart van het geheel vormt, moet hij vooropgaan en zijn volledige aandeel leveren in plaats van eerst te wachten op de zegeningen van God en guru. Als de leerling zijn uiterste best doet om zijn deel te doen, heeft hij automatisch de zegeningen van de guru en de genade van God.

De guru helpt de leerling ook door veel van zijn *karma*[6] op zich te nemen. Hij kan ook op verzoek van God een deel van het collectief karma van de mensheid op zich nemen.

'De zoon van de mensen kwam niet om gediend te worden maar om te dienen en zijn leven was een losprijs voor velen' (Mattheüs 20:28). Jezus stond toe dat zijn lichaam gekruisigd werd om zo een deel van het

---

[6] Gevolgen van handelingen in het verleden, in dit of in een vorig leven; van het Sanskrit *kri*, 'te doen'. Zie woordenlijst.

individuele karma van zijn volgelingen en een deel van het collectief karma van de mensheid op zich te nemen. Vaak zagen we dat Paramahansa Yogananda blijk gaf dat hij dit vermogen bezat. Soms verschenen de symptomen van een ziekte waarvan hij iemand had genezen een tijdje in zijn eigen lichaam. Gedurende de Koreaanse oorlog schreeuwde hij het in een staat van *samadhi* uit van de pijn toen hij het lijden van de gewonde en stervende soldaten op het slagveld voelde.

Een spiegel van volmaaktheid

De guru dient ook als een spiegel die het karakterbeeld van de leerling weerspiegelt.

Wanneer de leerling heeft gezegd 'Ik wil God', dan begeeft hij zich op het pad naar volmaaktheid, omdat hij om God te realiseren de aangeboren volmaaktheid van de ziel opnieuw tot uitdrukking moet brengen. Hij moet het ego en de invloed daarvan op het denken en handelen uitschakelen. Als de leerling met eerbied, devotie, vertrouwen, gehoorzaamheid en overgave voor de spiegel van de guru staat, zal deze hem alle persoonlijke fouten en zwakheden laten zien die zijn weg naar het Doel blokkeren.

Hoewel Paramahansaji onze fouten zag en ontvankelijke leerlingen daar openlijk op wees, bleef hij nooit lang stilstaan bij deze fouten. Hij benoemde ze alleen als dit voor het spirituele welzijn van een leerling nodig was. Hij richtte zich vooral op de goede kwaliteiten van iedereen. Als hij iemand terechtwees, voegde hij daaraan toe: "Pas zelfreflectie toe om de aard, de oorzaak en het gevolg van je tekortkoming te begrijpen. Zet het dan uit je hoofd. Blijf niet stilstaan bij de fout. Concentreer je in plaats daarvan op het ontwikkelen of het tot uitdrukking brengen van de tegenovergestelde goede eigenschap."

Als je dus vol twijfels zit, probeer je dan te oefenen in vertrouwen. Wanneer je rusteloos bent, affirmeer en beoefen dan vrede: 'Meet je een deugd aan als je er geen hebt.'[7]

Hoe je de guru volgt

De leerling moet leren de guru te volgen door zijn voorbeeld te evenaren en door trouw de *sadhana* te volgen die hij geeft. Als de leerling dit in het begin probeert, is hij niet in staat perfect te volgen, maar hij moet de noodzakelijke inspanningen blijven leveren tot hij erin slaagt.

Voor wie het pad van Self-Realization Fellowship volgt, betekent het volgen van de guru dat hij dagelijkse wetenschappelijke meditatie doordrenkt met devotie en aanvult met juist gedrag. Zoals Paramahansaji ons uit de *Bhagavadgita* heeft geleerd, wordt juist handelen, dat wil zeggen die handelingen die je aan God doen denken, uitgevoerd zonder te verlangen naar de vruchten van de handeling, niet op zoek naar resultaat voor jezelf, maar alleen om God tevreden te stellen.

Sommigen denken dat leven in de aanwezigheid van

---

[7] *Hamlet*, derde bedrijf, scène IV.

de guru betekent dat je de dagen doorbrengt aan zijn voeten, mediteert in gelukzalige *samadhi* en zijn woorden van wijsheid in je opneemt. Dat was niet de training die we van onze guru Paramahansa Yoganandaji kregen. We waren heel actief en vaak volledig in beslag genomen door dienstverlenend werk. Gurudeva was onvermoeibaar in zijn werk voor God en de mensheid. Door zijn voorbeeld leerde hij ons volledig toegewijd te zijn. Spiritueel zijn betekent een einde maken aan het ego en egoïsme. Als hij heel de nacht doorwerkte, werkten wij ook heel de nacht door. Gurudeva's grenzeloze liefde voor de mensheid kwam op een actieve manier tot uiting in zijn ruimhartige dienstbaarheid. Toch herinnerde hij ons er voortdurend aan deze activiteiten in evenwicht te brengen met de diepe meditatie die leidt tot innige verbinding met God en tot Zelfrealisatie.

"De leer zal de guru zijn"

"Wanneer ik er niet meer ben" zei Paramahansaji, "zal de leer de guru zijn. Zij die loyaal dit pad van Self-Realization volgen en deze leer toepassen, zullen merken dat ze afgestemd zijn op mij, op God en op de *paramguru*'s[8] die dit werk hebben gezonden." In de leer van Self-Realization Fellowship vind je alle leiding en inspiratie die nodig is om vol vertrouwen het pad naar God te volgen.

---

[8] Letterlijk 'de voorgaande guru's'; in dit geval Swami Sri Yukteswar (guru van Paramahansa Yogananda), Lahiri Mahasaya (guru van Sri Yukteswar) en Mahavatar Babaji (guru van Lahiri Mahasaya).

Elk SRF-lid zou er onophoudelijk naar moeten streven te leven volgens de richtlijnen van Gurudeva. Zijn leer is van toepassing op elk aspect van ons leven. Het moet voor ons niet alleen een filosofie zijn, maar een levenswijze. Wie leeft volgens de leer van Paramahansaji kent beslist deze waarheid: tussen leerling en guru bestaat geen scheiding. Of de guru nu in fysieke vorm aanwezig is of deze aarde heeft verlaten om te verblijven in het astrale of causale rijk of opgegaan in de Geest, hij is altijd bij de leerling die op hem is afgestemd. Deze afstemming leidt tot verlossing. In zijn eenheid met God is de ware guru almachtig. Hij kan vanuit de hemel naar beneden reiken om de leerling te helpen God te realiseren. Deze spirituele hulp is de goddelijke en eeuwige belofte van de guru. Groot is het geluk van de leerling die naar een ware guru is geleid. Nog groter is zijn geluk als hij serieus streeft naar volmaaktheid door gehoorzaam en werkelijk toegewijd te zijn aan de leer van de guru.

De relatie tussen guru en leerling is eeuwig

De guru is alomtegenwoordig. Zijn hulp, leiding en leer zullen hun waarde behouden, niet alleen gedurende de korte tijd die hij op aarde verblijft, maar voor altijd. Hoe vaak heeft onze guru gezegd: "Veel echte leerlingen zijn tijdens mijn leven gekomen. Ik herken ze uit vorige levens. En er komen er nog veel meer. Ik ken ze. Ze zullen komen nadat ik dit lichaam heb verlaten." De hulp die de guru aan oprechte leerlingen geeft, houdt niet op wanneer hij zijn lichaam verlaat. Als dat zo was, zou hij geen ware guru zijn. Het bewustzijn van een ware guru is eeuwig: altijd waakzaam, altijd afgestemd, ononderbroken door het openen en sluiten van de deuren van leven en dood. Hij is zich voortdurend bewust van de leerling en zijn band met hem.

Paramahansaji verwees naar de eeuwige verantwoordelijkheid van de guru toen hij op een dag sprak over de tijd dat hij niet meer fysiek bij ons zou zijn: "Onthoud altijd dat wanneer ik dit lichaam verlaat, ik niet meer in staat zal zijn met deze stem tegen je te praten, maar ik zal iedere gedachte die je denkt en elke handeling die je uitvoert kennen."

Zoals God alomtegenwoordig is, zo is ook de guru alomtegenwoordig. Hij weet wat er in het hoofd en hart van elke leerling leeft. "Ik meng me nooit in de levens van hen die dit niet willen" zei Paramahansaji, "maar ik ben altijd aanwezig bij hen wie me dit recht hebben gegeven en wie mijn leiding zoeken. Mijn bewustzijn is afgestemd op hen, ik ben me bewust van zelfs de kleinste trilling in hun bewustzijn."

Zelfs toen gurudeva in fysieke vorm bij ons was, leerde hij ons niet afhankelijk te worden van zijn persoonlijkheid, maar er eerder naar te streven onze geest en ons bewustzijn op hem af te stemmen. Hij hield zich bezig met onze gedachten, onze staat van bewustzijn. Door de afstemming die hierdoor ontstaan is, maakt het geen verschil meer of gurudeva in fysieke vorm aanwezig is of niet. Hij is altijd bij ons.

Op deze vijftigste Convocation zijn er onder ons honderden uit vele delen van de wereld die Paramahansaji niet ontmoet hebben tijdens zijn leven. Maar kijk eens hoe jullie dankzij

Gurudeva's leer zijn gegroeid in je oprechte spirituele zoektocht! Jullie hebben zijn zegeningen ontvangen omdat hij alomtegenwoordig is en omdat jullie jezelf ontvankelijk hebben gemaakt door devotie, door het beoefenen van zijn leer en door loyaliteit aan de organisatie die hij heeft gesticht. Deze goede daden en kwaliteiten hebben jou, de leerling, een diepe spirituele afstemming gegeven met Paramahansa Yogananda, de guru.

Guru *diksha*

De relatie tussen guru en leerling is formeel tot stand gebracht door de zegen van God wanneer de leerling *diksha*, de initiatie of de spirituele doop, van de guru of via zijn vertegenwoordiger ontvangt. Tijdens de initiatie is er een wederzijdse uitwisseling van onvoorwaardelijke, eeuwige liefde en loyaliteit. Er wordt een verbond gevormd wanneer de leerling belooft de guru te accepteren en trouw te volgen, en de guru belooft de leerling naar God te leiden.

Een onderdeel van *diksha* is de schenking door de guru van een spirituele techniek als middel om verlossing te bereiken en die de leerling belooft ijverig te beoefenen. Bij Self-Realization Fellowship bestaat *diksha* uit het geven van *kriyayoga*, of in een formele inwijdingsceremonie of, als dit voor de leerling niet mogelijk is, in de *bidwat* of niet-ceremoniële manier.

Zelfs bij de beoefening van een spiritueel krachtige

techniek als *kriyayoga* ontbreekt er zonder de zegening van de relatie tussen guru en leerling een essentieel ingrediënt. De guru zet helder uiteen wat de voorwaarden zijn om de leerling aan te nemen. De inwijding moet daarom zodanig ontvangen worden dat die aan deze voorwaarden beantwoordt, en waardoor de leerling rechtstreeks met de guru wordt verbonden. Dan begint de spirituele kracht van deze relatie in het leven van de leerling te werken.

De grote Indiase dichter en heilige Kabir zong zijn lofzang over de guru met deze woorden:

> Het is de genade van mijn ware guru die mij het ongekende heeft laten kennen;
>
> Ik heb van hem geleerd te lopen zonder voeten, te zien zonder ogen, te horen zonder oren, te drinken zonder mond, te vliegen zonder vleugels.
>
> Ik heb mijn liefde en mijn meditatie naar het land gebracht waar geen zon en maan zijn, noch dag en nacht.
>
> Zonder te eten heb ik de zoetheid van nectar geproefd; en zonder water heb ik mijn dorst gelest.
>
> Waar de verrukking antwoordt, daar is de volheid van vreugde. In wiens aanwezigheid kan die vreugde geuit worden?
>
> Kabir zegt: de grootheid van de guru is niet in woorden uit te drukken en groot is het geluk van de leerling.

Over de schrijver

Sri Mrinalini Mata, een van de leerlingen die persoonlijk door Paramahansa Yogananda is gekozen en opgeleid om na zijn overlijden de doelstellingen van zijn organisatie voort te zetten, was president en spiritueel hoofd van Self-Realization Fellowship / Yogoda Satsanga Society of India van 2011 tot haar overlijden in 2017. Ze heeft meer dan zeventig jaar het werk van Paramahansa Yogananda onbaatzuchtig gediend.

In 1945 ontmoette de toekomstige Mrinalini Mata Paramahansa Yogananda voor de eerste keer in de tempel van Self-Realization Fellowship in San Diego. Ze was toen veertien jaar. Al een paar maanden later ging haar verlangen in vervulling om haar leven te wijden aan het zoeken en dienen van God, toen ze met toestemming van haar ouders intrad als non van de orde van Self-Realization Fellowship in Sri Yogananda's ashram in Encinitas, Californië.

In de jaren daarop (tot het overlijden van de Guru in 1952) had ze dagelijks contact met Paramahansaji waarin hij veel aandacht schonk aan de spirituele training van deze jonge non. (Ze voltooide ook haar formele opleiding op de plaatselijke scholen.) Vanaf het allereerste begin van haar leven in de ashram, zag hij haar toekomstige rol en sprak hier met andere leerlingen openlijk over. Hij leidde haar persoonlijk op om zijn geschriften en lezingen gereed te maken voor publicatie na zijn overlijden.

Mrinalini Mata (van wie de naam verwijst naar de lotusbloem die traditioneel in India wordt beschouwd als een symbool van zuiverheid en spirituele ontplooiing) heeft vele jaren gewerkt als hoofdredacteur van de boeken, *Lessen* en tijdschriften van Self-Realization Fellowship.

De boeken die dankzij haar inzet zijn uitgegeven zijn onder andere: het meesterlijke commentaar van Paramahansa Yogananda op de vier evangeliën (getiteld *The Second Coming of Christ: The Resurrection of Christ Within You*), zijn goed ontvangen vertaling van en commentaar op de *Bhagavadgita (God Talks With Arjuna)*, verschillende boeken met zijn poëzie en inspirerende teksten, en drie omvangrijke bloemlezingen met zijn verzamelde lezingen en essays.

Audio-opnamen van Sri Mrinalini Mata

Look Always to the Light

Living in Attunement With the Divine

The Yoga Sadhana That Brings God's Love and Bliss

Guided Meditation for Christmastime

Embracing and Sharing the Universal Love of God

Tuning In to God's Omnipresence

The Guru: Messenger of Truth

The Interior Life

If You Would Know the Guru

Look Always to the Light

Paramahansa Yogananda
(1893-1952)

'Het ideaal van liefde voor God en dienstbaarheid aan de mensheid kwam volledig tot uitdrukking in het leven van Paramahansa Yogananda [...]. Hoewel hij het grootste deel van zijn leven buiten India heeft doorgebracht, behoort hij toch tot onze grote heiligen. Zijn werk blijft groeien en steeds helderder stralen en inspireert mensen overal ter wereld om het pelgrimspad van de ziel te betreden.'

- uit een eerbetoon van de Indiase regering bij de uitgifte van een herdenkingspostzegel ter ere van Paramahansa Yogananda

Paramahansa Yogananda werd op 5 januari 1893 geboren in India. Het was zijn levensmissie om mensen van alle rassen en geloofsovertuigingen te helpen om de ware schoonheid, edelmoedigheid en goddelijkheid van de menselijke geest te realiseren en in hun leven tot uitdrukking te brengen.

Nadat hij in 1915 is afgestudeerd aan de universiteit van Calcutta, legde hij zijn geloften af als monnik van de eerbiedwaardige Indiase monastieke Swami-orde. Twee jaar later begon hij zijn levenswerk met de oprichting van de eerste 'school voor levenskunst', sindsdien uitgegroeid tot 17 onderwijsinstellingen verspreid over heel India. Naast de traditionele academische onderwerpen worden daar ook yogatraining en onderwijs in spirituele idealen aangeboden. In 1920 werd hij als gedelegeerde van India uitgenodigd voor een Internationaal Congres van Religieuze Liberalen in Boston. Zijn toespraak aan het Congres en zijn latere lezingen langs de Amerikaanse oostkust werden enthousiast ontvangen. In 1924 begon hij aan een rondreis door Amerika om lezingen te geven.

In de dertig jaar daarop heeft Paramahansa Yogananda op verreikende wijze bijgedragen aan een groter bewustzijn en waardering in het Westen voor de spirituele wijsheid van het Oosten. In Los Angeles vestigde hij een internationaal hoofdkwartier van Self-Realization Fellowship, de non-sectarische, religieuze organisatie die hij in 1920 stichtte. Door zijn geschriften, omvangrijke lezingentournees en de oprichting van tempels en meditatiecentra van Self-Realization Fellowship, bracht hij honderdduizenden waarheidszoekers in contact met de eeuwenoude yogawetenschap en yogafilosofie en zijn algemeen toepasbare meditatiemethoden.

Het spirituele en humanitaire werk dat door Paramahansa Yogananda is begonnen wordt tegenwoordig voortgezet onder leiding van Broeder Chidananda, president van Self-Realization Fellowship / Yogoda Satsanga Society of India. Naast het uitgeven van Sri Yogananda's geschriften, lezingen en informele toespraken (waaronder een uitgebreide serie *SRF-Lessen* voor thuisstudie), draagt de organisatie wereldwijd zorg voor haar tempels, retraitehuizen en centra, voor de monastieke gemeenschappen van de orde van Self-Realization Fellowship en voor een wereldwijde gebedskring.

In een artikel over Sri Yogananda's leven en werk schreef Dr. Quincy Howe jr., hoogleraar oude talen aan het Scripps College: 'Paramahansa Yogananda heeft niet alleen India's tijdloze belofte van Godrealisatie naar het Westen gebracht, maar ook een praktische methode waarmee waarheidszoekers van alle levenspaden op weg naar dat doel snel vorderingen kunnen maken. Aanvankelijk werd het spirituele erfgoed van India in het Westen alleen op een heel verheven, abstract niveau gewaardeerd, maar is nu praktisch uit te voeren en te ervaren voor iedereen die God wil leren kennen, niet pas in het hiernamaals, maar in het hier en nu [...]. Yogananda heeft de meest verheven methoden van contemplatie binnen ieders bereik gebracht.'

Verklarende woordenlijst voor de Levenskunst serie

ashram. Een spirituele hermitage; vaak een klooster.

astrale wereld. De subtiele wereld van licht en energie die zich achter het fysieke universum bevindt. Elk wezen, elk voorwerp, elke vibratie op het fysieke niveau heeft een astrale tegenhanger, want het astrale universum (de hemel) bevat de 'blauwdruk' van ons materiële universum. Een verhandeling over de astrale wereld en de nog subtielere causale of ideële wereld van de gedachten is te vinden in hoofdstuk 43 van Paramahansa Yogananda's *Autobiografie van een yogi*.

Aum (OM). De Engelse, en ook in het Nederlands vaak gebruikte, transliteratie van het heilige woord OM (zie aldaar).

avatar. Van het Sanskrit woord *avatara* 'afdaling', wat verwijst naar het neerdalen van het goddelijke in het vlees. Iemand die eenwording met God bereikt en dan terugkeert naar de aarde om de mensheid te helpen wordt een *avatar* genoemd.

Bhagavadgita. 'Lied van de Heer'. Het is een onderdeel van het oude Indiase *Mahabharata* epos, gegoten in de vorm van een dialoog tussen de *avatar* (zie aldaar) Heer Krishna en zijn leerling Arjuna. Het is een diepgaande verhandeling over de yogawetenschap en een tijdloos recept voor geluk en succes in het dagelijks leven.

Bhagavan Krishna (Heer Krishna). Een *avatar* (zie aldaar) die vele eeuwen voor het christelijke tijdperk in India leefde. Zijn yogaleer (zie *yoga* in de begrippenlijst) wordt in de *Bhagavadgita* beschreven. Een van de betekenissen die in de hindoe-geschriften voor het woord *Krishna* gegeven wordt is 'alomtegenwoordige Geest'. Dus *Krishna*, net zoals *Christus*, is een titel die verwijst naar de spirituele grootheid van een *avatar* – zijn eenheid met God (zie *Christusbewustzijn*).

Christusbewustzijn. Het geprojecteerde bewustzijn van God dat immanent is in de hele schepping. In de christelijke geschriften wordt het 'de eniggeboren zoon' genoemd, de enige zuivere reflectie in de schepping van God de Vader. In de hindoe-geschriften heet het *kutastha chaitanya*, de kosmische intelligentie van de Geest, overal aanwezig in de schepping. Het is het universele bewustzijn, de eenheid met God, zoals te zien in Jezus, Krishna en andere *avatars*. Grote heiligen en yogi's kennen het als de staat van *samadhi* (zie aldaar) in meditatie, waarin hun bewustzijn is vereenzelvigd met de intelligentie in elk deeltje van de schepping; zij voelen het hele universum als hun eigen lichaam.

Christuscentrum. Het centrum van concentratie en wilskracht dat zich tussen de wenkbrauwen bevindt; zetel van het Christusbewustzijn en van het geestelijk oog (zie aldaar).

geestelijk oog. Het enkelvoudige oog van intuïtie en spirituele waarneming in het Christuscentrum (*kutastha*-centrum, zie aldaar) tussen de wenkbrauwen. De toegangspoort tot de hogere bewustzijnsgebieden. In diepe meditatie kan het enkelvoudige oftewel geestelijk oog worden waargenomen als een heldere ster omringd door een cirkel van blauw licht dat op zijn beurt wordt omgeven door een schitterend aureool van gouden licht. Er wordt in de heilige geschriften op verschillende manieren naar dit alwetende oog verwezen: het derde oog, de ster van het oosten, het innerlijke oog, de duif die neerdaalt uit de hemel, het oog van Shiva en het oog van de intuïtie. 'Als uw oog enkelvoudig is, is uw hele lichaam vol licht' (Mattheüs 6:22).

guru. Spiritueel leermeester. De *Gurugita* (vers 17) beschrijft de guru treffend als 'verdrijver van duisternis' (van *gu*, 'duisternis' en *ru*, 'dat wat verdrijft'). Hoewel het woord *guru* vaak ten onrechte wordt gebruikt voor een willekeurige leraar of instructeur, is een ware godgerealiseerde guru iemand die bij het bereiken van het meesterschap over zichzelf, zich bewust is geworden van zijn eenheid met de alomtegenwoordige Geest. Zo iemand is uitermate gekwalificeerd om anderen te leiden op hun spirituele reis naar binnen.

Het beste Nederlandse equivalent voor *guru* is het woord

Meester. Als een teken van respect gebruiken Paramahansa Yogananda's leerlingen deze term vaak als ze hem aanspreken of naar hem verwijzen.

karma. De gevolgen van vroegere handelingen uit dit of vorige levens. De wet van karma gaat over actie en reactie, oorzaak en gevolg, zaaien en oogsten. Door hun gedachten en handelingen worden mensen de scheppers van hun eigen lot. Elke energie die iemand – verstandig of onverstandig – in gang heeft gezet moet naar hem terugkeren als zijn beginpunt, als een cirkel die zich onvermijdelijk sluit. Iemands karma volgt hem of haar van incarnatie tot incarnatie totdat deze voltooid of spiritueel overstegen is (zie *reïncarnatie*).

kosmisch bewustzijn. Het Absolute; de Geest voorbij de schepping. Ook: de meditatieve staat van *samadhi*, eenheid met God zowel voorbij als binnen de schepping.

Krishna. Zie *Bhagavan Krishna*.

kriyayoga. Een heilige spirituele wetenschap die duizenden jaren geleden in India is ontstaan. Het is een vorm van *raja* ('koninklijke' of 'volledige') *yoga* en omvat bepaalde vergevorderde meditatietechnieken die tot een directe, persoonlijke ervaring met God leiden. *Kriyayoga* wordt in hoofdstuk 26 van *Autobiografie van een yogi* toegelicht en wordt geleerd aan studenten van de *SRF-Lessen* die aan bepaalde spirituele eisen voldoen.

maya. De misleidende kracht die inherent is aan de structuur van de schepping, waarbij het Ene vele vormen lijkt te hebben. *Maya* is het principe van de relativiteit, omkering, tegenstelling, dualiteit, een staat van polariteit; de 'Satan' (letterlijk, in het Hebreeuws, de 'tegenstander') van de profeten van het Oude Testament. Paramahansa Yogananda schreef: 'Het Sanskrit woord *maya* betekent "dat wat meet"; het is de magische kracht in de schepping waardoor er beperkingen en verdelingen lijken te bestaan in het Onmeetbare en Onscheidbare. In Gods plan en spel *(lila)* is de enige functie van Satan oftewel *maya* te proberen de mens weg te leiden van de Geest naar de materie, van de Realiteit naar de onwerkelijkheid. *Maya* is de sluier van de vergankelijkheid in de natuur, de sluier die ieder mens moet optillen om de Schepper erachter te zien, de immer Onveranderlijke, de eeuwige Werkelijkheid.

OM (Aum). Woord uit het Sanskrit, de wortel- of primaire klank die symbool staat voor dat aspect van de Godheid dat alles schept en in stand houdt: kosmische Trilling. Het *OM (Aum)* van de *Veda*'s werd het heilige woord *Hum* van de Tibetanen, *Amin* van de moslims en *Amen* van de Egyptenaren, Grieken, Romeinen, Joden en christenen. De grote wereldreligies verklaren dat alles wat geschapen is zijn oorsprong vindt in de kosmische trillingsenergie van OM of Amen, het Woord of de Heilige Geest. 'In het begin was het Woord, en het Woord was bij God, en het Woord was God. [...] Alles is gemaakt door hem [het Woord of OM] en zonder hem is niets gemaakt dat gemaakt is' (Johannes 1:1,3).

paramahansa. Een spirituele titel die aangeeft dat iemand de hoogste staat van ononderbroken verbondenheid met God heeft bereikt. Deze titel mag alleen gegeven worden door een ware guru aan een gekwalificeerde leerling. Swami Sri Yukteswar verleende de titel in 1935 aan Paramahansa Yogananda.

reïncarnatie. Reïncarnatie wordt besproken in hoofdstuk 43 van Paramahansa Yogananda's *Autobiografie van een yogi*. Zoals daar wordt uitgelegd zijn handelingen uit het verleden – door de wet van karma (zie aldaar) – er de oorzaak van dat mensen worden teruggetrokken naar dit materiële niveau. Door herhaaldelijk geboren te worden en te sterven keert de mens steeds weer opnieuw naar de aarde terug om hier de ervaringen te ondergaan die het gevolg zijn van zijn handelingen uit het verleden en om een proces van spirituele evolutie voort te zetten dat uiteindelijk tot de verwerkelijking van de inherente volmaaktheid van de ziel en tot vereniging met God leidt.

samadhi. Spirituele extase, bovenbewuste ervaring; uiteindelijk, vereniging met God als de alles doordringende, opperste Realiteit.

Satan. Zie *maya*.

spiritueel oog. Zie *geestelijk oog*.

yoga. Het woord *yoga* (van het Sanskrit *yuj*, 'verenigen') betekent de vereniging van de individuele ziel met de Geest, maar ook de methoden om dit doel te bereiken. Er zijn verschillende yogasystemen. Het systeem dat door Paramahansa Yogananda wordt onderwezen is *rajayoga*, de 'koninklijke' of 'volledige' yoga, waarin de beoefening van wetenschappelijke meditatietechnieken centraal staat. De wijze Patanjali, de belangrijkste vertolker van yoga, heeft acht duidelijk omschreven stappen gedefinieerd, die de *rajayogi* uitvoert om *samadhi*, oftewel vereniging met God, te bereiken. Dit zijn (1) *yama*, morele levenswijze, (2) *niyama*, inachtneming van religieuze waarden, (3) *asana*, de juiste houding om fysieke onrust weg te nemen, (4) *pranayama*, de beheersing van *prana*, de subtiele levensstromen, (5) *pratyahara*, verinnerlijking; (6) *dharana*, concentratie, (7) *dhyana*, meditatie en (8) *samadhi*, bovenbewuste ervaring.

Zelf. Met een hoofdletter verwijst het naar de *atman*, de ziel, de goddelijke essentie van de mens, dit in tegenstelling tot het gewone zelf, de menselijke persoonlijkheid oftewel het ego. Het Zelf is geïndividualiseerde Geest, waarvan de essentie altijd bestaande, altijd bewuste, altijd nieuwe Gelukzaligheid is.

Zelfrealisatie. De realisatie dat je ware identiteit het Zelf is, één met het universele bewustzijn van God. Paramahansa Yogananda schreef: 'Zelfrealisatie is het weten – in lichaam, geest en ziel – dat we één zijn met de alomtegenwoordigheid van God; dat we daar niet om hoeven te bidden; dat we er niet alleen op elk moment dichtbij zijn, maar dat Gods alomtegenwoordigheid onze alomtegenwoordigheid is; dat we nu al net zoveel deel van Hem zijn als we ooit zullen zijn. Het enige wat ons te doen staat is dit weten verder te ontwikkelen.'

Uitgaven van
Self-Realization Fellowship
in het Nederlands

*Verkrijgbaar op www.srfbooks.org
en andere online boekwinkels*

Autobiografie van een yogi

De wet van het succes

Hoe je met God kunt praten

Wetenschappelijke genezingsaffirmaties

Meditaties voor de ziel

Uitspraken van Paramahansa Yogananda

Innerlijke vrede:
*Op een kalme manier actief
en op een actieve manier kalm zijn*

In het diepst van je ziel

Waarom God het kwaad toelaat
en hoe je het kunt ontstijgen

Intuïtie:
leiding vanuit de ziel bij beslissingen in het leven

In de stilte van je hart

Goddelijk bewustzijn in het dagelijks leven

De relatie tussen guru en leerling

Boeken van Paramahansa Yogananda in het Engels

Autobiography of a Yogi

*God Talks With Arjuna: The Bhagavad Gita —
A New Translation and Commentary*

*The Second Coming of Christ:
The Resurrection of the Christ Within You —
A Revelatory Commentary on the Original Teachings of Jesus*

The Yoga of the Bhagavad Gita

The Yoga of Jesus

The Collected Talks and Essays:

Volume I: Man's Eternal Quest
Volume II: The Divine Romance
Volume III: Journey to Self-realization

*Wine of the Mystic: The Rubaiyat of Omar Khayyam —
A Spiritual Interpretation*

Songs of the Soul

Whispers from Eternity

Scientific Healing Affirmations

*In the Sanctuary of the Soul:
A Guide to Effective Prayer*

The Science of Religion

Metaphysical Meditations

*Where There Is Light —
Insight and Inspiration for Meeting Life's Challenges*

Sayings of Paramahansa Yogananda

*Inner Peace:
How to Be Calmly Active and Actively Calm*

*Living Fearlessly
— Bringing Out Your Inner Soul Strength*

The Law of Success

How You Can Talk With God

Why God Permits Evil and How to Rise Above It

To Be Victorious in Life

Cosmic Chants

Audio-opnamen van Paramahansa Yogananda

Beholding the One in All

The Great Light of God

Songs of My Heart

To Make Heaven on Earth

Removing All Sorrow and Suffering

Follow the Path of Christ, Krishna, and the Masters

Awake in the Cosmic Dream

Be a Smile Millionaire

One Life Versus Reincarnation

In the Glory of the Spirit

Self-Realization: The Inner and the Outer Path

Andere uitgaven van Self-Realization Fellowship

The Holy Science
Swami Sri Yukteswar

Only Love:
Living the Spiritual Life in a Changing World
Sri Daya Mata

Finding the Joy Within You:
Personal Counsel for God-Centered Living
Sri Daya Mata

Intuition:
Soul Guidance for Life's Decisions
Sri Daya Mata

God Alone:
The Life and Letters of a Saint
Sri Gyanamata

"Mejda":
*The Family and the Early Life of
Paramahansa Yogananda*
Sananda Lal Ghosh

Self-Realization Magazine
(een tijdschrift, opgezet door
Paramahansa Yogananda in 1925)

Film op DVD

Awake: The Life of Yogananda
Een documentaire van CounterPoint Films

Een volledige catalogus met alle boeken en audio- en video-opnamen — waaronder zeldzame archiefopnamen van Paramahansa Yogananda — is verkrijgbaar op www.srfbooks.org

Gratis introductiepakket

Paramahansa Yogananda's wetenschappelijke meditatietechnieken, inclusief *kriyayoga*, worden uitgelegd in de *Self-Realization Fellowship Lessen*. Ook biedt deze schriftelijke reeks lessen zijn praktische aanwijzingen over alle aspecten van een evenwichtig spiritueel leven. Een uitgebreid informatiepakket over de *Lessen* kun je gratis aanvragen op *www.srflessons.org*.

Self-Realization Fellowship
3880 San Rafael Avenue • Los Angeles, CA 90065-3219
Tel 001 323 225-2471 • Fax 001 323 225-5088
www.yogananda.org

Ook uitgegeven door Self-Realization Fellowship

Autobiografie van een yogi
door Paramahansa Yogananda

Deze veelgeprezen autobiografie geeft een fascinerend beeld van een van de spirituele grootheden van onze tijd. Met een innemende openhartigheid, welsprekendheid en gevatheid verhaalt Paramahansa Yogananda de inspirerende kroniek van zijn leven: de ervaringen tijdens zijn opmerkelijke jeugd, ontmoetingen met vele heiligen en wijzen toen hij als jongeman door heel India trok op zoek naar een verlicht leraar, de tien jaar durende opleiding in de hermitage van een alom geprezen yogameester en de dertig jaar dat hij in Amerika heeft gewoond en gewerkt. Ook doet hij verslag van zijn ontmoetingen met Mahatma Gandhi, Rabindranath Tagore, Luther Burbank, de katholieke stigmatica Therese Neumann en andere beroemde spirituele personen uit Oost en West.

Autobiografie van een yogi is zowel een prachtig geschreven verslag van een uitzonderlijk leven als een diepgaande inleiding in de oude yogawetenschap met haar beproefde traditie van meditatie. De auteur geeft een heldere uitleg van de subtiele maar exacte wetten achter zowel het gewone leven van alledag als de bijzondere gebeurtenissen die meestal wonderen worden genoemd.

Zo wordt zijn meeslepende levensverhaal de achtergrond voor een indringende en onvergetelijke kijk op de ultieme mysteries van het menselijk bestaan.

Het boek wordt beschouwd als een moderne spirituele klassieker en is in vijftig talen vertaald. Het wordt wijd en zijd gebruikt als studieboek en naslagwerk op hogescholen en universiteiten. *Autobiografie van een yogi* is al sinds de eerste uitgave van meer dan zeventig jaar geleden onafgebroken een bestseller en het heeft zijn weg gevonden naar het hart van miljoenen lezers wereldwijd.

'Een uitzonderlijk verhaal' – **De New York Times**

'Een fascinerend en duidelijk geannoteerd verslag' – **Newsweek**

'Nooit eerder is in het Engels of in enige andere Europese taal iets verschenen dat te vergelijken is met deze kennismaking met yoga.' – **Columbia University** Press

www.ingramcontent.com/pod-product-compliance
Lightning Source LLC
Chambersburg PA
CBHW031432040426
42444CB00006B/772